104e ANNIVERSAIRE NATAL

DE

FOURIER

Mers qu'on sonde ! cieux qu'on révèle !
Chacun de ces chercheurs de Dieu
Prend un infini sur son aile,
Fulton le vert, Herschell le bleu ;
Magellan part, Fourier s'envole ;
La foule ironique et frivole
Ignore ce qu'ils ont rêvé,
Les voit tomber dans l'étendue,
Et dit : C'est une âme perdue.
Foule, c'est un monde trouvé.

V. Hugo. *L'Année terrible.* Les Précurseurs.

PARIS
LIBRAIRIE DES SCIENCES SOCIALES
3, RUE HAUTEFEUILLE, 3

1876

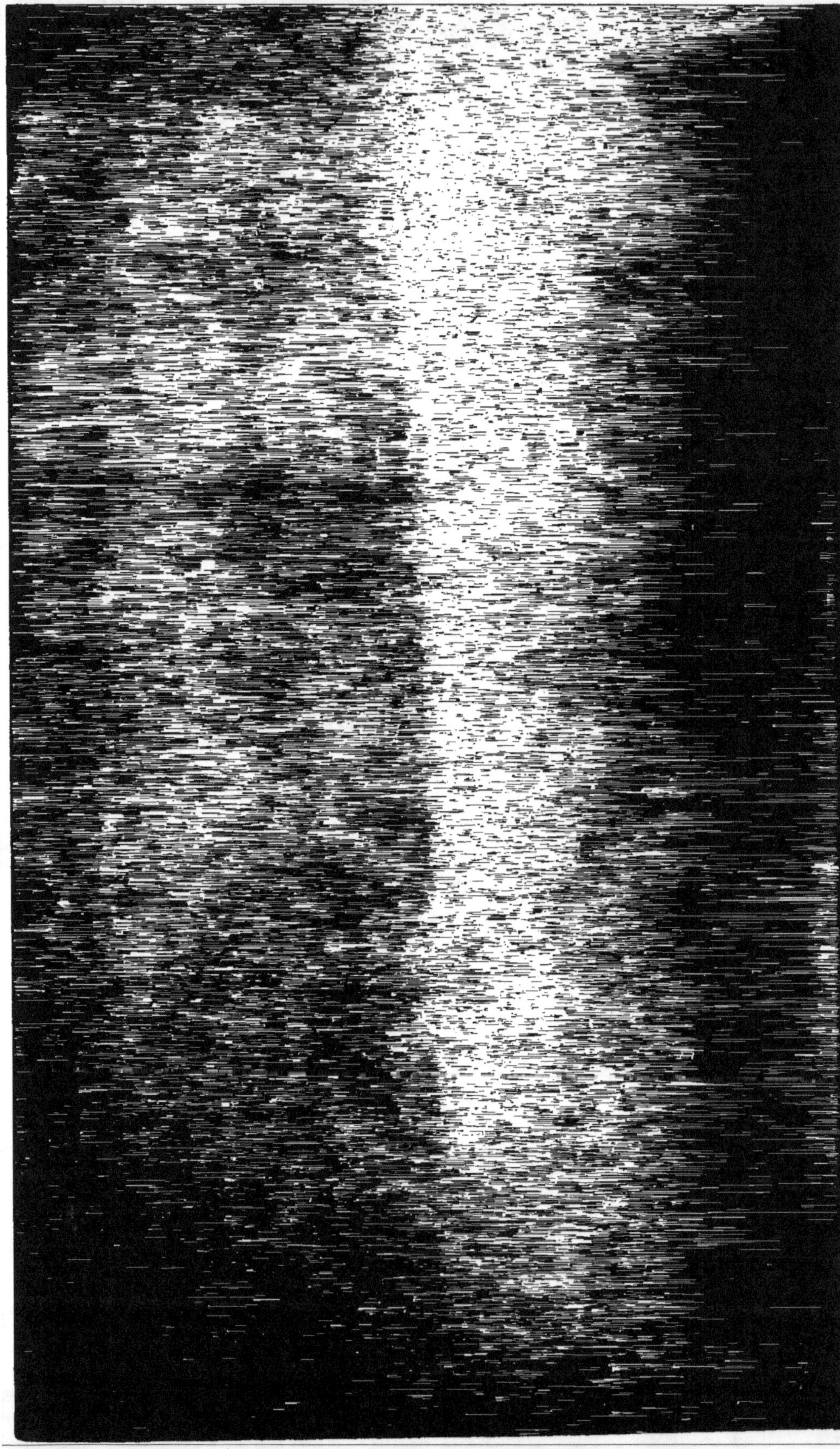

Avant de faire imprimer ce qui suit, j'ai beaucoup hésité.

Est-ce bien la peine, me disais-je, de livrer à la presse, sans l'à-propos du moment, les paroles fugitives d'un banquet?

D'autre part, affirmer par la constatation d'un fait, d'une manifestation expresse de chaque année, que la foi subsiste toujours dans l'avenir de la cause sociétaire, et ne pas laisser disparaître, sans un hommage à leur mémoire, des hommes qui marchèrent et luttèrent avec nous, sous la bannière élevée par Fourier, pour la conquête de la justice et de l'harmonie sociale, — cela m'a semblé, non-seulement opportun, mais imposé, pour ainsi dire, comme un devoir. Telle est la double considération qui me décide à donner ces quelques pages. Puissent-elles rencontrer indulgence et sympathie!

CH. PELLARIN.

Paris, le 12 juin 1876.

104E ANNIVERSAIRE NATAL

DE

FOURIER

Il y aura, en 1877, quarante ans que Charles Fourier est mort.

Comment se fait-il que chaque année, au 7 avril, une réunion plus ou moins nombreuse persiste à célébrer l'anniversaire natal d'un homme, qui ne fut membre d'aucune académie, d'aucune assemblée législative, pas même d'un simple conseil municipal?

C'est que cet homme qui vécut obscur, ce *sergent de boutique*, ainsi qu'il se qualifiait lui-même, a produit la plus grande et la plus féconde idée qui ait été jetée dans le monde depuis qu'il existe : l'idée de l'ASSOCIATION, avec la théorie scientifique qui permet de la réaliser et sans laquelle l'idée resterait à tout jamais stérile. Or l'association, c'est l'avénement du règne de la vérité et de la justice dans les rapports sociaux.

Que ceux qui apprécient la portée d'une telle œuvre se fassent un devoir de rendre hommage, une fois l'an, à la mémoire de son auteur, cela se conçoit, sans qu'il y ait pour autant motif à les taxer de sectaires. Ils fêtent dans Fourier un des grands éclaireurs du genre humain, le bienfaiteur virtuel des générations futures, si sa voix est un jour entendue... Et elle le sera !

Cette année donc, comme les précédentes, l'anniversaire natal de Fourier a été célébré à Paris par un banquet, qui a eu lieu le vendredi 7 avril, dans les salons de Tavernier, au Palais-Royal.

Les convives étaient au nombre de soixante et dix ; c'est autant que le local en pouvait recevoir à la double rangée de tables qu'on y avait disposées.

Chacun a pris place suivant ses affinités et ses convenances ; aussi les conversations étaient-elles animées et cordiales.

Au dessert, le moment des toasts venu et personne n'en prenant l'initiative, le docteur Charles Pellarin s'est levé et a dit :

Mesdames et Messieurs,

Nous sommes ici en mode ultradémocratique ; notre banquet n'a pas même de président. Je suis loin de m'en plaindre pour mon compte ; mais il faut cependant que le toast obligé au héros de la fête soit porté par quelqu'un. En l'absence de notre vénéré condisciple M. Dulary, je me croirais tenu peut-être de le suppléer dans ce devoir, comme doyen d'âge présumé de la réunion, si je n'avais pour voisin de table notre ami Toussenel, le très-spirituel auteur de l'*Esprit des bêtes*, que je sais mon aîné, — de bien peu à la vérité : il date, si je ne me trompe, de 1803 et moi de 1804. Si cette révélation désoblige Toussenel, j'en suis fâché ; mais c'est à lui que revient, par privilége d'âge, un honneur qu'un autre motif encore me ferait décliner aujourd'hui.

J'ai à vous entretenir, Messieurs, des condisciples que

nous avons perdus dans ces deux dernières années. Vous le savez, je me suis constitué l'ensevelisseur des phalanstériens, en attendant que ce soit mon tour d'être emballé pour le voyage au pays ultramondain. Or, je tiens à remplir encore cette fois ma charge funéraire.

Toussenel, avec une modestie obstinée s'excusant, lui, le brillant causeur, au lieu de répondre à l'invite, plusieurs convives se sont alors tournés vers M. Edmond Valentin, le priant de porter le toast à Fourier. L'honorable sénateur s'est de très-bonne grâce exécuté tout de suite, et il a improvisé ces quelques mots dits d'un ton de conviction chaleureuse qui a vivement impressionné l'assistance.

« Je me rends d'autant plus volontiers, Messieurs, à l'invitation qui m'est faite de porter le toast à Fourier, que c'est lui, — c'est-à-dire la lecture de ses ouvrages, — qui m'a initié à l'étude des questions économiques et sociales. Grâce à la lumière dont il les a éclairées, j'ai compris la possibilité, j'ai conçu l'espoir et acquis la confiance de leur solution pacifique, à l'avantage de toutes les classes sans exception et pour le plus grand bien de tous les membres de la famille humaine. A l'immortel auteur de la doctrine de l'association ! » (*Applaudissements unanimes et prolongés.*)

Le silence rétabli, M. Charles Pellarin a repris la parole.

Mesdames et Messieurs,

Il y a un usage de nos réunions annuelles que je ne voudrais pas voir tomber en désuétude. C'est celui de saluer d'un mot d'adieu nos condisciples morts dans l'intervalle d'un 7 avril au suivant.

L'an dernier, ce devoir ne fut pas rempli. C'est donc une double moisson de deuils à enregistrer cette fois : moisson hélas! abondante et dont l'abondance s'explique par une raison toute naturelle.

Autrefois, c'est-à-dire il y a une quarantaine d'années, lorsque fut institué le banquet de l'anniversaire natal de Fourier, l'assistance, par un côté du moins, différait notablement de ce qu'elle est aujourd'hui. Nous étions jeunes alors la plupart... La moyenne d'âge des convives atteignait trente ans au plus. Ce qu'est à présent cette moyenne, je n'aurai l'indiscrétion ni de le rechercher, ni de l'indiquer par un chiffre. Pourtant en ce point-ci mon siége, tel que je l'avais fait d'abord, a besoin d'être changé; car, à ma très-agréable surprise, j'aperçois parmi nos convives, un plus grand nombre de jeunes et frais visages féminins que je n'osais l'espérer. Je suis heureux de leur présence, surtout dans l'intérêt de notre Idée; elle est d'un bon augure pour son avenir : ce que femme veut Dieu le veut !

Quoi qu'il en soit de cette remarque si consolante, la mortuaire phalanstérienne de ces deux derniers ans se trouve notablement chargée : on ne saurait s'étonner ni se plaindre de ce que sur nous autres, majorité de vieux, la mort lève d'année en année un plus ample tribut.

Entre l'anniversaire de 1874 et celui de 1875, nos condisciples Maumenet, de Nîmes; Michel Coquet, de Lyon; Véran Sabran, le docteur Arthur de Bonnard, l'ingénieur en chef des ponts et chaussées Lemoyne sont passés de cette vie à l'autre.

Des deux premiers je sais seulement que leur concours ne fit jamais faute à la cause sociétaire.

Le même témoignage revient de droit à Véran Sabran, connu de la plupart d'entre nous, qui avons pu apprécier l'aménité de son caractère. A cette qualité Sabran d'ailleurs en joignait de plus solides. Il prit mainte fois la généreuse initiative de souscriptions en faveur de phalanstériens atteints par l'adversité ou de leurs familles (1). Il secourut notamment un des nôtres tombé dans la détresse, en le chargeant moyennant rétribution de recueillir, par ordre alphabétique de matières, les pensées de Fourier sur différents sujets. Ce travail que j'ai eu entre les mains offre un véri-

(1) Sur Véran-Sabran j'ai reçu d'un de nos condisciples les plus sympathiques, D. Laverdant, la note que voici :

« Cher ami,

« Vous ne sauriez trop dire sur la charité fraternelle de notre regretté Véran Sabran, qui étendait sa sollicitude, encore au delà de nos condisciples phalanstériens, sur tous les hommes de bonne volonté tombés dans le malheur après avoir caressé un rêve quelconque de réforme sociale.

« Esprit très-curieux, cœur très-large, Sabran se passionnait volontiers pour tout mouvement d'idées, pour toute aspiration à la justice et à la paix. Il se dévouait au progrès sous toutes ses formes, les plus timides et les plus hardies. Il était prompt à accueillir, comprendre, embrasser, encourager tous les essais, toutes les transitions possibles du vieux monde au nouveau monde. Il s'ouvrait, et jusqu'à l'excès de l'optimisme, à toutes les philosophies, qu'il interrogeait avec une inépuisable patience, où il savait découvrir et retenir le moindre germe de vérité.

« Il excellait à collectionner et à classer ; et il laisse comme deux monuments de ses infatigables recherches : une sorte d'*Encyclopédie* de toutes les vérités courantes, et *un Dictionnaire méthodique* des doctrines de Fourier.

« Le premier est, autant que j'ai pu voir, un entassement confus de richesses sans unité féconde. Le second ouvrage fait sous sa direction par M. Lagneau de la Treille, mériterait d'être publié.

« Sabran a été, durant toute sa vie, acquis et dévoué à la théorie de l'unité universelle et à l'Ecole sociétaire.

« Il ne s'est un peu écarté de Fourier que pour s'élever plus haut dans la lumière plus pure de Jésus-Christ. Devenu chrétien, catholique pratiquant, il a conservé un profond respect pour le penseur original et puissant à qui il avait dû la première impulsion vers le règne de la justice sociale.

« Depuis quelques années, il avait formé un groupe d'études avec d'autres condisciples, comme lui convertis au christianisme, et la mort est venue le surprendre au moment où il préparait l'essai d'un *Monastère des Familles*, conformément à la tradition de la famille de Saint-Benoît. Là, on aurait, selon la leçon de saint Paul, enté l'olivier franc du Christ sur l'énergique sauvageon de Charles Fourier, et rapporté au trésor de l'Eglise et au cellier du monastère catholique tout le bon grain du phalanstère. »

Je voudrais pouvoir dire : Ainsi soit-il !

Par malheur, la possibilité d'une semblable greffe et de la fusion entre deux choses aussi radicalement antipathiques, paraît-il, que la théorie attractionnelle et la doctrine qui commande de rechercher la souffrance et l'humiliation comme spécial moyen d'être agréable à Dieu ; cette possibilité, j'avoue n'avoir pu jusqu'ici la comprendre : — affaire de la grâce, non point de la logique à coup sûr. C. P.

table intérêt; il pourrait être continué avec fruit. Ce serait dommage en tout cas qu'il ne fût pas au moins conservé dans les archives de l'Ecole, si tant est que, faute d'abri et de gardien, ces archives ne soient pas bientôt dispersées aux quatre vents, proie dévolue à l'épicier!... (Contre cet augure quelques «Non! non!» protestent). Puisse l'avenir donner raison aux protestations que j'entends!

Vous vous rappelez tous, Messieurs, le docteur Arthur de Bonnard, ne fût-ce que pour l'avoir entendu, dans quelques-unes de nos réunions, exposer ses idées sous une forme toujours piquante, exhaler sa verve en saillies spirituelles, en traits sarcastiques, contre le commerce *civilisé*, sa bête noire; car ce qu'il tenait de Fourier, c'était surtout l'horreur du mercantilisme.

Notre condisciple avait été, sur la fin de 1871, frappé d'apoplexie : ce qui explique son silence et son inaction pendant les dernières années de sa vie.

A. de Bonnard est l'auteur de diverses publications se rattachant plus ou moins directement à l'Idée sociétaire et visant à l'établissement de sociétés coopératives de consommation. Il fut ainsi l'un des initiateurs de ce mouvement dès 1843.

Parmi les publications de Bonnard, je mentionne la *Marmite libératrice par Gallus*, ou le *Commerce transformé*. La recette de maître Gallus pour l'amélioration de l'ordinaire du peuple, si elle était mise en pratique, serait d'une efficacité plus réelle, je crois, que la gasconnade de la *Poule au pot* dont les descendants du Béarnais n'ont guère eu souci, d'ailleurs, de faire une vérité. L'un d'eux, roi par la grâce d'une révolution, a bien dit à son avénement : « La Charte sera une vérité; » mais pas un, que je sache, ne s'est hasardé à en dire autant de la fameuse *Poule au pot*.

Vous avez pu lire, Messieurs, dans le *Bulletin du mouvement social* du 1er mars 1875, un très-sympathique article consacré au Dr de Bonnard, par un homme de cœur et de haute intelligence, M. Ch. Fauvety. Aux appréciations flatteuses de cet article s'associeront tous ceux qui ont connu de Bonnard.

Quant à Lemoyne, c'était un vétéran dans toute l'acception du mot, un des disciples et aussi un des ouvriers de la première heure. Il fut de ceux qui, sur la fin de 1831, avec J. Lechevalier, passèrent du saint-simonisme, impuissant à satisfaire et leur raison et leurs aspirations vers l'harmonie sociale; qui passèrent, dis-je, du saint-simonisme à la doctrine de l'Association édifiée par Fourier.

En 1833 déjà, sous l'inspiration des principes sociétaires, Lemoyne publiait un volume intitulé: *Calculs agronomiques*, où il établissait que l'agriculture payait au commerce, en sus de la juste rétribution des services qu'elle en pouvait recevoir, un tribut abusif d'au moins un milliard trois cents millions, dépassant par conséquent le chiffre du budget de l'Etat à cette époque. Ce budget a triplé depuis; mais les prélèvements des intermédiaires sur les producteurs et les consommateurs n'ont pas suivi une progression moindre.

Lemoyne (*Medius* du nom qu'il prenait dans ses publications) est un des esprits qui ont le plus médité et travaillé sur le riche fonds de la doctrine de Fourier, tout en se séparant quelquefois du maître. Indépendamment de nombreuses brochures, il a fait imprimer, en 1865, un volume sous le titre de *Lettres sociales et providentielles*. Il y donne une classification des sciences, remarquable à beaucoup d'égards; il y fait aussi sur la psychologie ou étude des penchants et des facultés intellectuelles et morales, des observations ingénieuses. Dans l'ensemble de ce que Lemoyne a laissé, un peu à l'état de fouilli, se rencontrent de précieux matériaux dont pourrait utilement tirer parti un metteur en œuvre judicieux et sobre.

Avant de mourir, Lemoyne a fait don d'une somme de quatre mille francs à la colonie de Condé-sur-Vesgre, dernier vestige encore subsistant de la première tentative

*

qui fut commencée en vue d'expérimenter la théorie sociétaire.

Je passe à ceux de nos condisciples que la mort a frappés depuis le 7 avril dernier.

Le surlendemain du banquet de l'anniversaire, expirait à Paris, après de cruelles souffrances, l'architecte Florimond Boulanger.

La reconnaissance d'un bienfait personnel ne m'empêchera pas de rendre à ce fervent et dévoué condisciple la justice qui lui est si bien due.

Certes, Boulanger fut un des plus nobles cœurs qui aient battu pour la cause phalanstérienne. Du jour où il lui advint de connaître la doctrine de l'Association, Boulanger ne vécut plus que pour elle. Sa pensée unique, exclusive, son idée fixe fut d'acquérir une fortune, non pas dans des vues de jouissance égoïste et de satisfactions vaniteuses, mais pour la consacrer tout entière à préparer les moyens d'une réalisation. Dans ce but il renonça de parti pris aux joies de la famille, à tous les plaisirs, à la gloire même que semblait lui promettre un éclatant début dans sa carrière. Boulanger avait remporté le grand prix d'architecture, en 1836, et c'est pendant son séjour à Rome, comme pensionnaire de l'Académie des beaux-arts, qu'il fut initié à la théorie sociétaire. Sur une nature enthousiaste telle que la sienne, elle produisit un effet vif et profond qui ne fit que s'accroître jusqu'au terme de son existence. — A l'Ecole de Rome se trouvait en même temps, et lauréat de peinture du même concours de 1836, Dominique Papety. Epris pareillement de la conception sociale de Fourier, Papety y puisait l'inspiration de son magnifique tableau *Rêve de bonheur*, qui, à l'Exposition de 1843, causa une si grande sensation. Papety, le peintre de l'avenir!... Hélas! une mort prématurée l'enlevait bientôt à l'art et à la généreuse cause qu'il aurait pu si puissamment servir par son pinceau prophétique.

D'Italie, Boulanger envoya des travaux qui furent avantageusement remarqués : La restauration de la *Maison du Faune à Pompéi;* puis celle des *Bains de Dioclétien.* Cette dernière œuvre fut envoyée par la commission de l'Institut à l'Exposition universelle de 1855.

Mais bien avant cette dernière époque, désireux de connaître aussi les antiquités grecques, Boulanger s'était rendu à Athènes. Ce fut là qu'il donna suite à son projet de l'acquisition d'une fortune à mettre au service de l'idée sociétaire.

Après une résidence de trente années sous le brûlant climat de l'Attique, le persévérant disciple de Fourier touchait enfin au but qu'il s'était posé, et il se décidait à revenir en France. Mais il avait pris le germe d'un mal incurable, auquel il a succombé, le 12 avril 1875, six mois à peine après son retour.

De son lit de mort, pendant ses derniers jours si douloureux, Boulanger a mis en ordre les documents qu'il avait recueillis sur des associations industrielles qui, même sous le despotisme des Turcs, s'établirent et prospérèrent en quelques points de la Grèce, vers la fin du dix-huitième siècle et le commencement du dix-neuvième. Il en fit le sujet de son ouvrage posthume intitulé : *Ambélakia* ou *les Associations hélléniques.* En tête du livre se trouve une biographie de l'auteur.

Je n'aurais pas donné, Messieurs, une idée fidèle et complète de Boulanger, si je ne disais que sa vénération pour Fourier était un véritable culte. Suivant lui, dans toute l'œuvre du Maître, il n'y avait pas une ligne, pas une seule, qui ne dût être tenue sacro-sainte et indiscutable. Devant cette foi absolue je m'incline avec respect, et d'autant plus volontiers qu'elle n'a désormais aucun danger de devenir contagieuse; mais j'avoue que je ne saurais la partager. Les jugements du génie lui-même ont besoin d'être passés au crible de ma raison, avant que je les accepte et que j'y donne mon adhésion. Cela dit, je n'en suis que plus à mon aise pour déclarer de nouveau qu'à mon sens le mode d'application recommandé par Fourier, l'ESSAI SOCIÉTAIRE, demeure toujours celui qui a sur tous les autres une supériorité incomparable, et j'ajoute qu'il a même le plus de chances de rencontrer enfin ses conditions de mise en œuvre et de réussite. Le postulat du maître ne doit donc jamais être abandonné ni répudié par nous, sans que nous refusions d'ailleurs notre concours aux tentatives d'ordre garantiste, comprises sous le titre général de *coopération*.

Pour revenir à Boulanger, il a pu du moins, avant de mourir, donner à sa fortune, laborieusement acquise, une destination conforme au projet qu'il avait nourri toute sa vie : il a institué pour son légataire universel M. Jouanne, le fondateur et directeur de la Maison rurale d'expérimentation sociétaire de Ry. Puisse l'institution répondre à la confiance du généreux donateur et devenir par suite l'embryon du premier phalanstère!

Au surplus, quel que soit le temps, quel que soit le lieu qui verront s'élever le palais de la première phalange, le nom de Boulanger est un de ceux qui auront mérité d'y être inscrits à une place d'honneur et transmis à la gratitude de la postérité. (*Applaudissements et marques d'adhésion.*)

Il faut que je me hâte, Messieurs, car je n'ai pas achevé le dénombrement de nos pertes : il me reste encore à mentionner la mort de cinq de nos condisciples.

Deux d'entre eux habitaient Marseille : ce sont MM. Alfred Artaud et Laurent Spiess.

Le premier était depuis longtemps un des membres les plus zélés et le chef librement reconnu du groupe phalanstérien de cette ville. Non-seulement il servit bien la cause, mais, en outre, dans ces derniers années, il vint en aide à plusieurs socialistes en butte aux persécutions. Marseille et la région environnante furent, vous le savez, Messieurs, un des points sur lesquels pesa le plus lourdement le régime de l'ordre moral avec tout son arbitraire. On y fit à tous les socialistes sans distinction une guerre acharnée, à laquelle n'échappèrent pas entièrement les pacifiques adeptes de l'Idée sociétaire. Pour en citer un exemple, le plus inoffensif des hommes, notre ami Guizou, quasi-octogénaire, se vit un jour perquisitionner; on lui enleva ses livres et ses papiers, et ce ne fut qu'après huit mois qu'ils lui furent enfin restitués.

On faisait partout ainsi contre les publications socialistes de véritables razzias. Un incident plaisant mais significatif se rattache à une de ces expéditions. Certaine petite localité du Var possédait un Cercle, fréquenté par une trentaine de personnes. A la suite de dénonciations, le brigadier de gendarmerie, transformé en censeur littéraire, reçut ordre d'inspecter la bibliothèque du Cercle et de saisir toute œuvre qui lui paraîtrait entachée de socialisme. Parmi les ouvrages qu'à ce titre il crut devoir emporter, se trouvaient quelques brochures et livres phalanstériens. Mais avant de remettre le tout à ses chefs, il eut la curiosité de savoir ce que pouvaient bien contenir ces productions qui causaient à l'autorité de telles alarmes. Notre brigadier tomba sur le *Nouveau monde industriel et sociétaire* qui ne l'effaroucha pas du tout et qu'il dévora même, paraît-il, d'un bout à l'autre. Qu'on vienne dire encore que Fourier est illisible!

Huit jours plus tard, rencontrant un des principaux habitués du Cercle : « Mais c'est superbe, lui dit le brigadier, ce qu'on propose dans ce livre-là. Nous voudrions tous qu'un pareil ordre de choses fût établi! »

Pas dégoûté, ce brave gendarme, ni malavisé non plus, que vous en semble? C'est le cas de dire, comme Pandore: Brigadier, vous avez raison. (Hilarité.)

Au surplus, les livres saisis, après avoir fait le voyage à la sous-préfecture et y avoir été examinés, furent rendus au Cercle comme n'ayant pas un caractère politique. « Ce sont, dit à ce propos le sous-préfet, — l'un des plus libéraux sans doute entre ses collègues, — ce sont des idées qu'il est bien permis de propager, mais qui sont irréalisables. »

Notre condisciple Artaud, à qui se rattache, quoique indirectement, cet épisode, est décédé le 29 juillet 1870, dans sa soixante-septième année.

L'autre phalanstérien que nous avons perdu à Marseille, mais qui était originaire de l'Alsace, Laurent Spiess (j'indique son prénom pour le distinguer de son frère survivant, dévoué aussi à nos idées comme il l'était lui-même); Spiess, dis-je, avait été à Strasbourg, en 1831, l'initiateur d'Hippolyte Renaud à la théorie sociétaire. C'est un titre cela!

Vers 1839, Spiess se rendit de Strasbourg à Marseille où il fonda une maison d'éducation qui devint bientôt florissante. Frappé de cécité depuis une dizaine d'années, il n'en continuait pas moins de prendre un vif intérêt à la cause phalanstérienne, et son plus grand bonheur était de s'en entretenir avec M. Guizou, chez qui le grand âge n'a ni éteint, ni refroidi l'ardeur du prosélytisme.

Le 8 juillet 1875, notre ami Alphonse Morellet succombait à une maladie du cœur, dans la ville de Bourg, où il était né le 4 février 1809. Il fut, avec Dorian, un des jeunes adeptes qui vinrent à Condé-sur-Vesgre en 1833, mettre leur bonne volonté, leur intelligence et leurs bras au service de l'Essai sociétaire dont on y faisait les préparatifs avec l'aide de capitaux fournis en majeure partie par M. Dulary. Là, Dorian, le futur ministre des travaux publics du gouvernement de la défense nationale, conduisait un attelage de bœufs; Morellet, quoique déjà reçu avocat, travaillait avec un riche fils de famille lyonnais, Lapeyrière, à l'extraction de la tourbe. On sait que, faute de concours suffisant, cette tentative dut s'arrêter. Morellet revint dans sa famille à Bourg.

Etudiant en droit à Paris, en 1830, il avait été un des jeunes combattants de juillet. Porté vers l'étude des questions sociales, il s'était d'abord épris de la doctrine de Saint-Simon qu'il abandonna bientôt pour celle de Fourier, à laquelle il donna la preuve de dévouement pratique ci-dessus rappelée.

Un peu plus tard nous trouvons Morellet inscrit au barreau de Lyon où il se fit une réputation des plus honorables, en même temps qu'il concourait à propager dans ce grand centre industriel l'idée sociétaire. Il fut, en 1848, l'un des fondateurs et le président du comité de l'organisation du travail. Ce comité, par l'influence qu'il exerça sur les ouvriers, contribua efficacement à maintenir l'ordre et la paix dans la ville de Lyon, tandis que se livrait dans Paris la funeste et fratricide bataille de juin.

Envoyé à l'Assemblée législative en 1849, Morellet, avec quelques-uns de ses collègues de la gauche, présenta, le 23 janvier 1850, une proposition ayant pour objet d'attribuer au fermier ou colon partiaire un droit à la plus-value donnée à la propriété par son travail et par ses impenses. La proposition fut repoussée à une grande majorité (491 voix contre 104). Elle a été reprise en 1870 par notre ami W. Gagneur. Lui ou quelque autre la reproduira sans doute dans la chambre démocratique, issue des élections dernières. Ne désespérons pas qu'une mesure toute d'équité, non moins favorable aux intérêts de l'agriculture et des propriétaires eux-mêmes qu'à ceux des tenanciers, finisse par triompher chez nous, comme elle a triomphé dans le parlement britannique. Honneur à ceux qui en ont pris l'initiative et qui en poursuivront le succès!

Au coup d'Etat de 1851, Morellet fut un des députés signataires de l'acte de mise en accusation de Louis Bonaparte. Il mérita l'honneur d'être nommé par Victor Hugo, « parmi les jeunes orateurs dont la vaillante légion surgissait à gauche dans l'Assemblée. (1) » Rendu à la vie privée après le 2 décembre, Morellet, tout en exerçant sa profession d'avocat à Paris, ne cessa pas de porter intérêt à la cause phalanstérienne. En souvenir peut-être de ses coups de pioche de Condé-sur-Vesgre en 1833, il garda toujours de l'attachement pour cette localité. Il prit une part active

(1) *Napoléon le Petit*. Liv. V[e].

à la formation d'une société immobilière pour l'établissement du ménage sociétaire de Condé, qui subsiste toujours. Il rédigea les statuts de cette société avec le concours de M. Vandervinkel, un de ses amis, partisan comme lui des idées d'association.

Les désastreux événements de 1870 ramenèrent Morellet dans sa province natale. Trop préoccupé des intérêts généraux pour avoir eu grand souci de son intérêt particulier, il y rentrait pauvre et obligé de reprendre, à un âge avancé, la pratique professionnelle. La preuve, au surplus, de la haute estime dont il jouissait parmi ses compatriotes, c'est qu'ils le nommèrent membre du conseil municipal de Bourg, ainsi que du conseil général, et qu'il était à l'époque de sa mort président de la commission départementale de l'Ain.

Notre ami laisse une veuve, femme de mérite, qui s'était associée à toutes les vues généreuses de son mari, et un fils qui a pour principal héritage le souvenir de l'honorabilité paternelle, et qui la reproduit si bien sous tous les rapports, que les électeurs de Bourg se sont empressés d'en faire leur mandataire au Conseil général, en remplacement de son père.

Il y a une couple de mois, s'éteignait à Condé un des vieux habitants de la colonie, Foucaut, mon compatriote breton. Foucaut était maire de Guipavas, importante commune rurale, à deux lieues de Brest, sur la route de Paris, et il y possédait une petite exploitation dans laquelle il essayait avec prudence les nouvelles méthodes de culture, lorsqu'une mission saint-simonienne faite par M. Ed. Charton et le docteur H. Rigaud, vint lui ouvrir un nouvel horizon, et changer la direction de sa vie. Venu avec moi au saint-simonisme en 1831, Foucaut suivit, peu de temps après, mon évolution vers l'Ecole sociétaire. Ses connaissances pratiques en agriculture l'auraient rendu utile dans une entreprise de réalisation. La longue et toujours vaine attente de cette réalisation l'avait jeté sur la fin de sa vie dans le découragement. Foucaut laisse le souvenir d'un brave garçon, estimé et regretté de tous ceux qui l'ont connu.

Enfin notre perte la plus récente est celle de M. Silberling (François-Henri), décédé à Strasbourg, le 8 mars dernier, à l'âge de soixante-sept ans. Silberling comptait parmi les phalanstériens depuis 1834. Il laisse des fils héritiers de sa conviction et non moins zélés que lui pour la cause sociétaire.

A côté de ceux qui furent enrôlés positivement sous la bannière de Fourier, il y eut de simples alliés, des cœurs sympathiques, des gens qui, sans faire adhésion complète à la doctrine, lui portèrent intérêt et lui rendirent à l'occasion des services.

Au nombre de ceux-ci était M. Louis-Auguste Martin, convive assidu de notre banquet d'avril, qu'une fluxion de poitrine a enlevé dans le courant de mars 1875.

Penseur judicieux, écrivain de talent, L.-A. Martin a publié des travaux tous inspirés par le plus large esprit de progrès, de justice et de liberté. L'un d'eux le fit condamner sous la prévention, si élastique, d'offense à la morale religieuse, à plusieurs mois de prison et à une forte amende. Mais son œuvre principale fut l'*Annuaire philosophique*, recueil mensuel qui parut pendant cinq années. Là, M. L. Martin rendait compte avec non moins de compétence que d'impartialité consciencieuse, de tous les ouvrages relatifs à la philosophie et aux sciences sociales. Il y analysa d'une façon bienveillante et sympathique plusieurs des productions de l'Ecole sociétaire. J'ajoute que le modeste salon de M. L. Martin fut un lieu hospitalier pour la libre pensée et le socialisme qui y eurent leurs toutes franches coudées.

Une femme distinguée, morte dans un âge très-avancé, il y a un peu plus d'un an, mérite aussi de notre part un hommage de reconnaissance. Je veux parler de Madame

Virginie Ancelot, auteur de pièces de théâtre et de romans qui eurent leur moment de vogue et de légitime succès.

Madame Ancelot accueillit, ou plutôt même attira dans son salon, plusieurs représentants de l'idée sociétaire, afin de les mettre en rapport avec les hommes d'esprit, avec quelques notabilités qui le fréquentaient. Ce salon était un terrain neutre où se rencontraient des légitimistes, porteurs de noms blasonnés du faubourg Saint-Germain, des orléanistes, de hauts fonctionnaires du gouvernement de Louis-Philippe, des républicains et des socialistes, tous reçus sur le même pied et traités avec les mêmes égards par la maîtresse de la maison.

Elle-même a retracé ce souvenir dans son livre intitulé : *Un salon de Paris de* 1824 *à* 1864. Ce livre est l'explication de quatre tableaux exécutés par Madame Ancelot (car elle maniait le pinceau comme la plume) et représentant les habitués de son salon à quatre phases différentes de sa vie. Au sujet du tableau qui correspond à la période du règne de Louis-Philippe, Madame Ancelot a écrit :

« Tout près de Lourdoueix, j'ai placé dans mon tableau ceux qui alors réglaient, comme lui, les intérêts du ciel et de la terre, mais dans des conditions différentes, bien que je les aie vus trouver dans l'Evangile le principe de toutes leurs idées : ce sont les disciples de Fourier qui faisaient un journal intitulé la *Démocratie pacifique,* tandis que Lourdoueix rédigeait la *Gazette de France.* A cette époque, ils étaient heureux, ils rêvaient, et leur rêve était le bonheur complet de l'humanité.

« Plus respectables dans leurs illusions que les hommes actuels dans leurs calculs, ces esprits généreux luttaient courageusement pour un ordre social où la justice présiderait à la félicité générale ! et l'on en riait...

« N'eussent-ils apporté qu'un imperceptible grain de sable au monument de l'avenir qui doit abriter le bonheur de tous, n'eussent-ils fait qu'éveiller un moment dans un cœur cette sympathie pour la justice et la vérité, ils auraient bien employé la minute qui nous est accordée dans cet infini sans limites où nous passons si rapidement. »

Je vous laisse, Messieurs, sous l'impression de cette haute pensée, qui est en même temps un acte de justice envers l'Ecole de Fourier.

La citation des paroles de Madame Ancelot a été saluée des plus vifs applaudissements.

M. Ch.-M. Limousin a donné lecture d'une lettre de M. Emmanuel d'Asarta, de Gênes, lequel invite les membres de l'Ecole à faire tous leurs efforts pour la reconstitution d'un centre à Paris.

M. Limousin a ensuite porté un toast aux sénateurs et députés phalanstériens. Six de ces derniers assistaient au banquet.

Chers coreligionnaires,

Je veux porter un toast d'espérance et d'avenir; je veux saluer la présence parmi nous de nos amis les sénateurs et députés phalanstériens.

Les conditions où nous nous trouvons ne sont pas semblables à celles où nous avons été depuis bien des années. Pendant toute la durée du régime impérial, pendant tout le temps qu'a existé l'Assemblée nationale de 1871, nous n'avons pu dans nos réunions que nous reporter vers le passé pour regretter les perspectives brillantes de rénovation sociale qu'il nous avait fait entrevoir. Si parfois nous prononcions quelques paroles prouvant que nous n'avions pas perdu toute confiance, c'était parce qu'il n'est pas donné aux âmes vigoureuses de jamais désespérer entièrement.

Aujourd'hui, les choses ont changé d'aspect. Il s'est accompli une transformation politique qui nous donne la certitude que les questions sociales dont notre école s'est proposé la solution seront de nouveau étudiées.

Et cette étude nouvelle, soyez-en sûrs, aura pour conséquence de faire revivre les formules qui sont la base du système de Fourier. (*Applaudissements.*)

Ces formules ont, vous le savez, un caractère scientifique, à la fois spéculatif et pratique. Elles font connaître l'homme, qui est la molécule sociale, et permettent d'autre part d'organiser la société pour que cette molécule obéisse harmoniquement, c'est-à-dire utilement pour tous, à ses affinités.

Il ne faudrait pas cependant se faire d'illusion sur les espérances qu'il nous est permis, dès aujourd'hui, de concevoir. Le temps n'est plus où nous pouvions espérer, soit de l'action des pouvoirs publics, soit de l'initiative individuelle, l'expérimentation d'une Commune sociétaire.

Ce temps n'est plus, peut-être reviendra-t-il? Alors nous pourrons vérifier par une épreuve l'exactitude du système d'organisation harmonique proposé par Fourier.

Mais en attendant, nous ne devons pas nous croiser les bras; il nous faut, au contraire, accomplir une tâche importante, dans laquelle nous serons guidés par les lois de la science sociale découvertes par Fourier.

Ces lois ne s'appliquent pas seulement à l'état dit d'Harmonie, elles ont régi les sociétés passées, elles gouvernent la société présente. Le progrès social consiste à en faire une application de plus en plus rationnelle.

Dans l'état actuel des choses, ce qu'il nous faut faire, ce qu'il nous est permis de faire : c'est l'organisation de l'état social de Garantisme, qui d'après Fourier doit chronologiquement succéder à celui de Civilisation où nous sommes.

Le Garantisme, conformément aux prédictions de notre maître, tend chaque jour à s'organiser : dès à présent par l'action de l'initiative individuelle, prochainement, — je l'espère, — avec le concours des pouvoirs publics.

Le Garantisme s'organise par l'action de l'initiative individuelle sous la forme des associations coopératives, et sous celle des syndicats ou corporations nouvelles.

Les premières ont pour but de lutter contre la souveraineté des intermédiaires commerçants, interposés entre les producteurs et les consommateurs. Dans un jour prochain, elles seront la ressource même des petits commerçants contre l'écrasement par les grands magasins, qui travaillent à constituer une des branches de cette féodalité capitaliste annoncée par Fourier.

Les syndicats, qu'ils soient composés de commerçants et d'industriels, aussi bien que d'ouvriers, ont également pour objet la lutte contre la féodalité financière, industrielle et commerciale.

L'histoire des efforts faits par les petits industriels et commerçants pour maintenir ou constituer ces institutions est l'histoire de la résistance aux envahissements du capitalisme.

Je sais que plusieurs de nos amis voient dans le double mouvement dont je viens de parler, les illusions en association, annoncées par Fourier.

En réalité, il faut bien le dire, sauf dans quelques cas exceptionnels, cette qualification peut être considérée comme fondée pour les associations qui se sont établies en France.

Mais la France n'est pas la seule nation qui soit au monde; elle n'est même pas la nation la plus avancée.

Je ne vous redirai pas aujourd'hui les renseignements que je vous ai donnés l'année dernière sur les associations coopératives dans différents pays et notamment en Angleterre.

En présence de ce qui se passe dans ce dernier pays, il n'est pas permis de parler de pures illusions en association. Ce serait être aveugle que d'appliquer une semblable qualification à une organisation qui réunit plus de quatre cents mille chefs de familles, c'est-à-dire deux millions d'individus sur une population de vingt-deux millions d'âmes; qui possède un capital de cent quarante à cent cinquante millions de francs, et dont le mouvement d'affaires représente un quatorzième de la consommation du pays.

Je vous ai dit également l'année dernière que ce mouvement gagnait la bourgeoisie anglaise qui institue, elle aussi, ses sociétés, et qui vu la difficulté où elle se trouve pour se faire servir, songe à organiser les ménages coopératifs.

On ne peut pas non plus qualifier d'illusion le mouvement corporatif qui réunit en groupes chaque jour plus nombreux et plus compactes les ouvriers de l'Angleterre, et tend à les mener par un chemin semé, je le reconnais, — d'écueils et d'abus comme toutes les voies subversives, — à la participation dans les profits, puis à l'association.

Et cela aussi bien les travailleurs de l'agriculture que ceux de l'industrie.

En France, nous sommes moins avancés; mais tout nous permet de prévoir un heureux et prochain développement des associations rudimentaires, comme devant être la conséquence de la transformation politique qui s'est accomplie.

Ce développement, nous devons y travailler en prêchant, en proclamant sans cesse la formule fondamentale de toute organisation industrielle, de toute distribution équitable des produits : Association du capital, du travail et du talent. Ce principe, qui déjà pénètre de toutes parts, une fois admis par les organisateurs de sociétés, le succès de celles-ci serait assuré.

Mais l'établissement de l'état de Garantisme ne saurait être l'œuvre exclusive de l'initiative individuelle. Une partie de la tâche incombe aux détenteurs de l'autorité publique.

Ils ont d'abord à supprimer les entraves qui empêchent actuellement l'action de l'initiative individuelle.

Ils ont ensuite à préparer l'accomplissement des devoirs qui, d'après les économistes les plus amis du « laisser faire » incombent aux pouvoirs publics.

Pour cela, ils doivent nous débarrasser du *mandarinat* qui nous étreint et nous enserre; de cette catégorie d'hommes à qui la qualité de fonctionnaires est censée conférer l'omniscience, sans lesquels rien ne peut se faire, et qui cependant ne savent faire que peu de choses et font le plus souvent mal ce qu'ils font.

Dans un pays démocratique, ce sont les citoyens qui doivent faire leurs affaires, et l'organisation doit être conçue pour que les fonctions soient toujours données à des hommes compétents.

Je n'ai pas la prétention d'apprendre à nos amis des deux chambres à quelle œuvre ils doivent attacher leurs efforts. Je n'ai voulu qu'indiquer sommairement la manière dont, pour mon compte, je comprends leur tâche.

Je suis convaincu qu'ils l'accompliront pour le mieux, et dans la mesure que permettront les circonstances, C'est pour cette raison que je salue leur présence parmi nous. (*Applaudissements.*)

M. Valentin a répondu en quelques mots à M. Limousin, en déclarant s'associer à la plupart des idées par lui émises.

Les conversations particulières se sont prolongées jusqu'à onze heures du soir. On s'est séparé en prenant rendez-vous pour le 7 avril 1877.

BANQUET DU 7 AVRIL A ZURICH

Le 7 avril, la colonie phalanstérienne de Zurich a également célébré par un banquet l'anniversaire de la naissance de Ch. Fourier. Le banquet a réuni les mêmes personnes que l'année dernière, c'est-à-dire M. et Madame Griess Traut, M. et Madame Elie Reclus, Madame Poivers, M. Jean Griess, et quelques autres amis auxquels s'étaient joints Mademoiselle S. Thilo, jeune étudiante russe, et M. le professeur Ferrière.

Plusieurs toasts ont été portés : par M. Griess Traut : « A la culture intégrale du globe par la transformation des armées guerrières destructives en armées industrielles productives, et à Fourier, qui a indiqué ce puissant moyen de mise en valeur intelligente et rationnelle de la planète ; » — par Madame Griess Traut : « Aux étudiantes, à ces vaillantes jeunes femmes dont le courage et l'intelligence ont su aborder et vaincre les difficultés qui leur barraient le chemin de la science ! Les dangers, les veilles, les préjugés, les fatigues, — elles ont tout bravé, tout enduré, pour conquérir, par le travail et par la science, cette noble indépendance si précieuse aux âmes fières, et qui seule peut assurer la dignité de l'être humain !... Jeunes, elles ont renoncé aux plaisirs de leur âge, aux vanités attribuées TRADITIONNELLEMENT à notre sexe ; et sans orgueil comme sans faiblesse, elles ont subi les épreuves imposées pour l'obtention des diplômes. Souvent elles se sont élevées au-dessus du niveau de leurs condisciples masculins, traçant ainsi d'une main ferme une ligne d'égalité intellectuelle entre la femme et l'homme à culture égale ou équivalente.

« Grâce aux efforts de leurs nobles devancières, les deux sœurs Blackwell, les Garret-Anderson, les Barret, les Heim Vœgtein, les Daubié, auxquelles nous vouons ici un tribut de respect et de reconnaissance, la route qu'elles ont tracée ouvre à l'humanité des horizons nouveaux ; car de grands penseurs, et notre maître *Fourier* en tête, ont proclamé cette vérité basée sur l'expérience que *les progrès et le bonheur des sociétés sont en raison du développement intellectuel et de la liberté des femmes !!* »

M. Jean Griess a lu une poésie de Louis Festeau, intitulée : *Apparition de Fourier.*

7433. — Paris. Typ. de Ch. Meyrueis, 13, rue Cujas. — 1876.

7433. — Paris, Typ. de Ch. Meyrueis, 13, rue Cujas. — 1876.

www.ingramcontent.com/pod-product-compliance
Lightning Source LLC
LaVergne TN
LVHW021529140926
848035LV00047B/1260